JN441327

엄마의 장독간

텃밭시선

엄마의 장독간

성영희 시집

그루

시인의 말

흰 수건 풀어 휘몰아 젓는
한풀이 춤인 양 시를 엮었다

일제징용과 한국전쟁에서
구사일생으로 살아 돌아오신
가여운 내 아버지와

지아비 대신하여
썰물 바닷게처럼 바장이며
아름답고 처절한 노을처럼 살다 가신
내 어머니

두 분 영전에
이 시집을 바친다

2025년 봄의 길목에서
성 영 희

차례

제2부 사부곡思父曲

제3부 모시 적삼

제4부 매화

제5부 소래 곽씨郭氏 할머니전傳

제1부 가을 이서국伊西國

가을 이서국伊西國

전설이 내려오는 한로 상강 청도 이서
감나무 옷 벗고 감춘 몸 드러내면
긴 장대 게으름 떨치고 일필휘지 갈지자

홍단풍 잔치판에 온 마을 들썩들썩
우듬지 붉은 홍시 까막까치 몫이라
한내천 즈믄 먼 소리 미물까지 한 식구

개망초

왜놈이 퍼뜨렸지 이놈의 망할 망초
지청구로 베어내고 뽑아서 내던지고
내 나라 빼앗긴 설움 욕받이 되었다

한글로 한 맺힌 그 바람 새기면서
휘지지 않으려고 허리를 곧추세워
오늘 밤 꽃잎을 모셔 달빛에 띄운다

겨울 가파도加波島

파도에 파도 더해 가파도라 하는가
새하얀 물결로 쉼 없이 씻어내도
해안은 검은 얼굴로 언제나 웃는다

바람막이 한 점 없는 황토 들녘 청보리
까슬까슬 몸으로 추위에 키가 크고
하늘은 감감 외로워 바다에 슬몃 기대네

귓속을 파는 바람 내 맘까지 헤집고
냇골챙이* 바투 지나 표류 등대** 앞에 서면
한 사내 쉰 울음소리 들려오는 그 언덕

* 가파도 동남쪽 모퉁이 지명
** 하멜 등대

고산골 둘레길

여자의 한 서린 상강 저녁 어스름
에움길 따라서 애솔밭 걸으면
노을빛 솔숲 보듬어 마주 보며 안는다

법장사 풍경 소리 번뇌를 흔들어
아스라한 내 사랑 흩어진 소리 들려오면
온종일 바장인 마음 저 숲속 산새 될라나

공벌레

모난 말 귀를 씻고 구르고 구르지

자기를 낮추는 오체투지 모자라서

세상을 품으로 닦는다 묵언 수행 공벌레

꽃, 제라늄

생가지 부러져서 모래땅 몸을 묻고

타오르는 목마름 애끓는 간절함

죽어야 사는 것인 걸 하늘 향해 울었다

속울음 꾹꾹 눌러 구겨 삼킨 수많은 밤

흙바람 지나가고 새벽종 길게 울 때

그 누가 보내셨을까 빠알간 눈빛 인사

꽃무릇

간 자리 꽃 피고 든 자리 잎 나는가

기다림에 눈멀고 아득하다 흔적 없어

선혈로 흩뿌려지는 갈가리 찢긴 심장

노부부

한평생 흰 서리 머리에 이고 들고

잡은 손 놓칠세라 조심조심 걷는다

저무는 은빛 저녁놀 서쪽 하늘 살고 지고

누워 피다

동짓달 뼛골 시린 찬이슬 견뎌냈지

별빛 달빛 허공 위 꽃 피울까 하던 차

아뿔싸, 무자비 집행 칼 맞고 나뒹군다

참으로 이뻤었다 꿈 많던 그 옛날

투피스 분홍 사랑 하나는 남겨뒀지

빛 푸른 하늘 바라며 눈물 안고 피는, 벚

동강 할미꽃

운치리 점재 마을 뼝대*에 터를 잡아

한 줌 흙 비집고도 버릴 수 없는 이승

주린 배 타는 목 잡고 까치발로 피운 꽃

*바위로 이루어진 높고 큰 낭떠러지

목백일홍

그대의 흰 손끝 심장을 두드리면

온몸을 떨면서 호·호·호 피고 지며

잊을 수 없는 임 사랑 가슴에 새겨놓고

소낙비 버텨내며 세워 온 등허리

초가을 땡볕 입고 석 달 열흘 백일기도

이별의 용틀임인가 피로 앉힌 붉은 문신

밀양강 고디

삼정골 버스 종점 꽃잎 진 벚나무 밑
햇볕에 탄 얼굴의 아낙이 펼친 좌판
흰 양은 찌그러진 대야 고디가 그득하다

의사도 손을 놓은 골수에 터 잡은 병
밥알이 모래 같아 목구멍 걸린다며
어릴 적 먹던 고디탕 더 달게 드셨지

어미 속 파먹고도 허기져 혀 빼물고
거품만 버글거리는 새끼들 기어나가면
그제사 떠내려가는 빈 껍데기 울 엄마

제2부 사부곡思父曲

바람

단단한 겉모습 무심하게 믿었다

하세월 잊혀 홀로 지새운 피눈물

동짓달 무르팍 세운 뼛속 깊은 찬바람

무너질까 세워볼까 네모지게 썰어볼까

별 쬐어 설한풍에 꾸덕꾸덕 말리면

네 상처 다독 다독여 무 오가리 밑반찬

사부곡思父曲

디디는 발길마다 젊은 주검투성이
피 진창 비린내 속 파편 박힌 붉은 손
수습한 한맺힌 영혼 셀 수도 없어라

최초로 삼팔선을 돌파한 백골부대
한평생 자랑하며 자긍심 가졌지만
악몽에 몸서리치며 환영에 시달렸다

외롭고 적막했을 그 마음 못 헤아려
가신 지 십수 년 지금에사 돌아보면
가슴에 가시로 박혀 묘비 앞 눈물짓네

선희

오아후 밀리라니 그 친구 이주한 곳

온정 담아 절여 담근 질경이 장아찌

질긴 삶 꼭 닮은 선희 입맛 돋게 부쳤다

십자가 언덕

리투아니아 그곳의 황량한 언덕바지
한 혈육 한 형제가 나뉘어 끌려가
독일군, 러시아군으로 총알받이 된 사연

살아서 돌아와라 곱고 귀한 내 새끼들
천둥 속 울었네 흔들리며 울었네
휘파람 저 언덕 너머 구슬프게 울렸네

어머니 통곡 소리 하늘 향한 피의 절규
리투아 샤울레이 야트막한 흙 동산
십자가 수천수만 개 염원 맺힌 산 되었네

2019년 6월 발틱 여행 중 리투아니아 '십자가 언덕'에서

쑥

겨우내 묵은 김치 지쳐가는 식구 입맛
행장을 차려입고 깊은 산속 들어간다
한 자루 쑥 캐 먹으면 곰 한 마리 될라나

바람 달엔 된장 풀어 구수한 속풀이 국
삼월은 멥쌀가루 버물버물 버무리
단오엔 떡메 친 찰밥 근기 도는 한 판 떡

엄마의 빨래터

풀 죽은 이불 호청 다라이 담아 이고
추석 전 보름 녘 금호강에 빨래 간다
찰밥에 신 열무김치 꿀맛 같은 점심밥

통치마 걷어 올려 허벅지 드러내고
강물에 발 담그고 신나는 방망이질
강변은 아낙들 수다 웃음소리 들썩들썩

따라온 아이들은 흰 모래 들춰내어
물방개 재첩 조개 고무신 가득 담고
면 호청 햇빛을 먹고 퍼덕퍼덕 살아난다

제주 곶자왈

자갈밭 가시덩굴 태고 신비 숨겨둔 곳

어두운 숲속 길 백서향이 밝혀주고

팔색조 섬휘파람새 둥지 틀고 대를 산다

추자도 눈물샘*

신유년이라던가 하늘도 빛 잃은 날
애간장 끊어져 내려 통곡도 할 수 없네
모슬포 한 많은 어미 끌려가는 유형流刑길

칭얼대는 두 살배기 때 절은 저고리 깃
생년월시生年月時 창원황 경한 피로 새긴 이름 석 자
추자섬 너럭바위에 젖내 남은 포대기

돌아보고 돌아보며 떠나는 어미 발길
먼저 간 사학 죄인 아비도 무심하지
예초리 산마루 중턱 눈물 모여 샘물이네

*순교자 황사영 알렉시오와 유배된 정난주 마리아의 아들 황경한 묘 옆 작은 샘

파도

그대의 속내 몰라 해안에 서성인다
밀물로 갔다가 썰물에 돌아선다
뜬구름 헛발길질도 접었다가 폈다가

흰 포말 설레다 하릴없이 돌아섰지
갯바위 부딪힌 아픔 품었다가 내쳤다가
그러게, 죽어야 사는 사랑 전설 아니던가

플라멩코

거리를 떠돈다 바람 같은 집시의 춤
절망도 괴로움도 춤사위로 풀어내자
발 굴려 지축 울리고 손뼉 치고 흔든 허공

마른 눈물 젖은 불꽃 탁 타닥 따닥따닥
인생은 오늘뿐 멈추면 저승인걸
긴 치마 거들쳐 접고 휘돌며 삼킨 울음

하피첩霞帔帖*

병인년 동지섣달 눈 내려 날은 찬데
못 본 지 아홉 해째 만날 날 아득하다
다섯 폭 새각시 치마 천 리 강진 보냈네

몸져누운 여린 아내 보내온 해진 치마
붉은빛 바랬지만 연지 볼 남은 자취
사무친 그리움 모아 작은 서첩 꾸몄네

경오년 초가을날 두 아들 학연 학유
한평생 깊이 새길 처세훈 적바림**을
애절한 어미 치마폭 아비 고임 새겼느니

겨울비 추적추적 동백꽃 무너지고
적소謫所에 묶인 이 몸 돌아갈 기약 없네
역사가 내쳐낸 인연 꿈속 만나 회포 풀까

*다산 정약용이 부인의 치마로 만든 소책자
**간단히 적어 두는 일

허초희

조선이여 남정네 별것도 아니더라
내 시를 불태워라 일렀건만, 아서라
삭풍이 휘몰아치며 세상에 내몰렸네

서슬 퍼런 시어미에 매정 박정 지아비라
딸 아들에 빛 못 본 배 속 아기 보내고
바람에 지전 날리며 부르는 초혼가

오백 년 시공 넘어 불려진 곡자哭子시
짧은 생 활화산 산천을 흔들다가
한 줌의 잿가루 되어 허공으로 흩어져라

제3부 모시 적삼

엄마의 장독간

그 겨울 흰 눈을 쓰고 장독은 윤이 났다

흔치 않은 큰 장독은 엄마의 보물이었다

그 시절 넘기 힘들다던 보릿고개, 추운 겨울

친인척들로 아래채는 늘 북적했다 엄마는

우리 집 대문 들어선 사람은 모두

귀한 손님이라고 그냥 보내시는 법 없었다

가마솥에 지은 쌀밥과 쇠고깃국은 언제나

푸짐했다 부자 아니었지만 곳간은

늘 넉넉하였다 아파트로 이사한 노년에는

막내 이모 집 옥상에 장독을 올려놓고

신주처럼 모셨다 해마다 당신 몸은 쇠락해졌지만

엄마의 장맛은 달게 잘 익어갔다

헛발

이어졌다 끊어지는 것이
세상 인연 이치런가

그대의 속내 몰라
담장 밖 서성이다가

뒤돌아갔다가 다시 찾았다가
뜬구름에 헛발길질도 했다가 말았다가

설레며 밀려와서는
하릴없이 들썩였다

거품 물고 대거리하다
숨죽여 엎드려도 보고

품었다가 내쳤다가
그렇게, 그러면서

끊어졌다 이어지는 것이
오가는 삶 아니던가

이월

날 수 조금 모자란다고
초라하고 허술하다지요

겨울 아닙니다
봄도 아니라는군요

시작도 아니고
끝 더더욱 아닙니다

아직,
칼바람 고추바람
밀려나지 않겠다며 버팅기고

꽃눈은 데려온 자식처럼
주변 틈새 흘끔거리죠

다만,
엎드려 당신이 지르밟을

징검다리 된다면

그깟 세월의 비웃음
안으로 감아 안고

허허실실
조용히 흐르겠어요

굴다리

넌, 다리 밑에서 주워 온 애란다
그렇고말고 맞는 말이야
아니야, 그럴 리가 없어

맞다, 오늘도 용두방천 굴다리 밑에 가면
'우리 아기 언제 오나' 하면서 기다린단다

하도 오래 울다 울다
눈이 짓물러졌다나, 어쨌다나

그 옛날
다리 아래 해거름 밑에
어머니는 진땀으로 온몸 젖었겠네

젖빛 하늘 낮달로 태가름 했겠네
하얀 구름 가려 모아 배냇 이불 만들었겠네

아지랑이 아른아른한 봄날

배꼽 찌릿하게 당겨지면
다리 밑으로 가 봐야지

옥산리

외갓집은 낙동강 샛강 밀양강 둑 아래 있었다

노을 붉은 그 강은 마을보다 더 높은 천정천

기해년이라던가 하필 추석 앞두고 불어닥친

태풍 사라호로 온 동네 논밭 물에 잠기고

기르던 황소마저 떠내려갔다

나의 초등 시절까지만 해도 강물은 맑아서

투명한 은빛 은어 물 위로 반짝 튀어 오르고

잘 자란 다슬기 맛 좋기로 유명했다

어머니는 간암 투병 중 이따금 곡기를 끊으셨다

그 힘들어하던 숨길의 언덕 희한하게도

소녀 시절 먹었다던 부추 넣은 다슬기탕은 달게 드셨다

오늘 밀양 천변에 앉아 당신 얼굴을 그린다

홍매

단아한 그 꽃나무
병인생* 범띠 엄마
불꽃 잠재우고 계시다

달성서씨 가문의 금지옥엽 맏딸로 태어나신 당신
유학을 중히 여긴 선비였으나
신학문 일찍부터 내다본 외조부
슬하 자식 일제강점기 신교육을 시켰다
어머니는 부엌 문설주에 숨어
'부디 잘 다녀오라' 한마디 건네지 못한
그 소꿉동무 이야기를 이따금 했다
강제징집 당하여 2차 대전 팔라우 가는 중
군함 폭침으로 전사하였다
근로정신대 모면코자 가문 하나 달랑 보고
여름날 소나기 비설거지하듯 치른 짝 기운 혼사
일렁이는 가슴 불꽃 잠재우려 아궁이 불 앞에서도
사서삼경四書三經 다디달게 읽곤 하셨다지

도서관 뜰 앞
봄바람 가지 흔드는 아침,
후두둑 떨어지는 꽃잎 따라
책 흠향하러 오셨는지,
꽃빛은 엄마 치맛자락 마냥 붉고 붉다

*병인년(1926년)은 대한제국 순종 장례일 6·10 만세 운동이 일어난 해

구절초

절벽에 핀 그 옛날 그 여자

아무도 봐주지 않는 수척한 그 여자

서러움 이마에 패인 인고의 주름

소쩍새 울 때마다 흐느껴 울던 그 꽃

아홉 번 꺾여서 굽이굽이

산 너머 돌아온 어머니 사랑

가슴 헤집던 서릿발 모진 바람 다 이겨 낸

휘지 않으려 허리 곧추세우면

달빛 너머 울컥울컥 그 분홍 울음

아득타, 그 언제 만나려나 서리 맞은 당신

비양도飛揚島

보아뱀 닮은 오름의 유채
보라 꽃 루즈 바른 해녀

천년 전
불덩어리 날아올라
꽃지고 씨 하나 남고

인어공주였던 할망 해녀
목소리와 바꾼 두 다리 구부려
기슭에 엎드렸다

언제 파도 소리 노래처럼 들었던가
물속 헤엄 비단 실패 감았지

물기 머금은 잿빛 그녀 눈동자
갈 수 없는 고향
물끄러미 바다를 넘어다보는데……

모시 적삼

흰 목소리가 쉬었다

먼 길 사흘 앞두고
흔들리는 정신 한 가닥 붙잡고
아버지 정신 곧추세우셨다

엄마 엄마 울 엄마
독 같은 나를 업고
오뉴월 땡볕 아래
보리방아로 나를 먹이셨지

여든 훌쩍 넘겨서야
일곱 살 외아들 남겨둔 채
꽃상여 타고 가신 그 어미 품 찾아
푸른 하늘 떠나신 아버지

밀양강 은어 되셨는가
이 봄날 모자는 손 맞잡고

벚꽃 구경 나오셨다

아, 흘러라 춤춰라 저 강물아
흰구름 물결 밀고 바다로 가거라

고지

아버지는 역사의 고지를 숨차게 넘어왔다

빗발치는 총탄 속에서 피를 닦으며

피를 닦으며, 파편 박힌 붉은 손으로

전우의 시체를 무더기로 묻었다

삼팔선 떠올리며 분노의 주먹을 불끈 쥐던

백골부대 그 용사 그 울분의 함성

전장의 악몽 속에 평생 시달린 아버지

외로웠으리라, 그 심장 그 핏발 선 눈빛

캄캄한 어둠 속 곁을 지킨 울 엄마 눈물

가신 지 십수 년 지난 지금에사

생전에 못 한 말 하 많아 눈물로 아뢴다

보름박

여보세요?

이랑이랑 더듬으며
무너진 흙담 의지 삼아
지붕을 오른다

누구세요?

별빛 먹고 달빛 따라
얼굴 씻고
둥근달로 두둥 떠오른다

적으세요,

소래기에 쓱싹 식칼 갈아
보름박 쪼개면
저 밤하늘 별들의 시詩
쏟아지겠다

들으세요,

길가에 펼쳐 놓은
가창 할매 좌판의 박
마음속에 모시고 온다

지심只心 애동백

하늘에서
땅에서
심장에서 피어나는 꽃
새벽 흰 눈에 싸인 그 붉은 꽃

적빛 숲 동굴 저 너머에서
서럽게 들리는 역사의 터

해방 지난 이후에도 남의 땅이었던 그곳*
봄비도 쉬어 가지 못하는 날
툭, 툭, 땅으로 고개 떨구는 저 붉은 모가지

그리워도 했으리라
숨은 져도 지워지지 않는 눈부신 자태
바람이 운다

지전 날리며 부르는 저 초혼
심장에서 꽃으로 핀다

땅에서
하늘에서

* 지심도는 해방 후에도 일본 해군 땅으로 등재되어 토지세를 내다가 1971년 우리나라 국방부로 이적. 2017년 거제시로 편입

제4부 매화

매화

흰 눈의 기분을
다 안다는 듯

말릴 겨를도 없이
뛰쳐나온

열여섯 예쁜
처녀 한 송이

아직도 엄동설한
바람은 찬데

하얗게 질렸다
향도 얼어붙은 채

내, 그러게
조금만 더 기다리랬지

겨울나기

폭설 위에 찍힌 맨발

한 칸 한 칸 그리움도 접힌

이승의 길 하나

엎치락뒤치락 햇살 한 줌

얼마나 힘들었을까

고비 고비 그 작은 한숨

수억 광년 저승 거쳐서

흙덩이 밀어 올리는

숨죽여 견뎌낸 살포시

발아하는 꽃다지 꽃다지

편지

궁금해서, 그대가 정말 너무 궁금해서

가랑비 기대 밤새워 쓴 연잎 푸른 연서

검은 구름 엿볼세라 도르르 말았더니,

부칠 곳 찾지 못해 마음 접어 흘린 눈물

길

망설이다가

돌아보다가, 그 모퉁이에서

깜박, 놓쳐버린 그의 얼굴

바람을 만지던 그 야윈 손길

나는 보지 못하고

당연한 하루가 낯설다

색을 입히다가 색과 어울리다가

노란 단풍잎 저 혼자 흔들린다

읍천리에 서다

하필,
그곳에서 그의 뒤 등을 보았을꼬

그때도 나의 밀물이었고
그때도 나의 썰물이었다

부서지고 깎이면서
부르고 불러도

차마,
건네지 못한 풀어헤친 검은 해파랑

혀로 핥아 주저앉힌 나의 절벽
주 · 상 · 절 · 리
·
상
·
절
·
리

입춘첩帖

캄캄한 어둠 뚫고

나에게로 온 이국의 시인

다시 시작始作하라고

시작은 시작詩作이라고

폭설 속 눈물을 닦아준다

풍금 소리

오선지에도 앉지 못했다
추적추적 빗소리

떨어진 것은 음표
들썩이는 흐느낌

그를 건너와
내 어깨 위에 내려놓고

돌아간 것들
살피다가 살피다가

언뜻 들은 금빛 풍금 소리
아득한 그의 노랫소리

함박꽃

꽃 핀다는 것이
살아낸다는 것이
허허로운 저녁
붉은 노을 하늘

이것이 아니고
저것도 아니네

허물 같은 꽃잎 휘감고
이리 뒤척 저리 뒤척

위로 당기면 발 시리고
달빛 밀면 가슴 시린

도타운 그날 꽃 이불
모르면서 그리우면서

청죽

구비길 많다지만
비우고 버려야
솔솔 풀리는 소리길

바람 받고 펄럭여도
속절없는 날갯짓
아득한 흰 구름

풀리고 엉켜서
끊어져야 맺힌 인연
이을 수 있다는 걸

저, 청죽은
어둠 속 흔들리며
소리치고 있다

꽃눈

안으로만 삭혔던가
소소리바람 따라온
꽃눈

시리고 시린 세월
바람 불면 바람 따라
우르르 함성이다

봄 아씨
소곤대는 속삭임에도
귀 막고
혼자서 붉다

비자목

살아낸다는 것이 하늘도 이따금

녹록지 않은 표정이다

섬을 돌다 듣다 보면

바다는 허공의 넋두리다

비자나무 그리움을 버려야

살 수 있다는 것을,

흐린 날은 등대를 짚고

아득한 수평선 그 너머 본다

물억새

밤별을 향한 내 노래는
온몸 비파 현으로 켜는 선율

천년의 그대 불러내는 푸른 밤
옷고름 하얗게 풀어 헤치지
얽히고설켜야
깊어지는 아픔 풀어내는

겨울날,
햇살로 떠오를
그대랑 나 목 놓아 부르는 송가頌歌

제5부 소래 곽씨郭氏 할머니전傳

블루 베일의 시간
—갈바리 의원*

마리아의 작은 자매회

그 품에서 별이 된 수많은 사람

찬양하라, 은혜의 영광!

이별을 더 아름답게 하는 그리움

죽음보다 더 높은 저 천국의 계단

오직 그분 앞에서 삶은 고결하고

기도 속에서 부활하는

위대한 생명의 환희

*강릉에 위치한 아시아 최초의 호스피스 병원

2021년 그 여름

자살 폭탄 터지는 아프가니스탄

죽은 자와 산 자 뒤엉킨 아비규환

카불 공항 탈출 폭주에

철조망 너머로 넘겨진 일곱 달 아기*

부모 잃고 발길 차이고, 차이고

삶은 송두리째 휩쓸려 간다

같은 하늘 이고 사는 사람들인데

해와 달 어김없이 뜨고 지는 아름다운 땅인데……

*공항 택시 기사에게 발견되어 양육되다가, 5개월 후 부모 품으로 돌아갔다고 한다.

골리수骨利水

그날은 차디찬 흰 눈이 내렸네

피로 물들이며 골고다 언덕을 오르셨네

십자가를 짊어지신 예수 그리스도여!

양손에 못을 박고 양발에 못을 박아

살이 터지고 뼈가 부스러져

인간의 원죄를 대속하셨네

이월 그 흰 눈에 핏물 스며들었네

전라의 몸 움츠릴 사이 없이

무방비로 무방비로 고통을 당하셨네

그 절박한 상황에서도 '다 이루었다' 하신 큰 말씀

마지막 그 한 방울 피마저 내어 주었으니,

알렐루야! 그분 부활의 시간만 남았네!

그 이별

고운 임 가네
설운 임 떠나가네

삼정골 성 바울로 동산
강산 세 번 바뀐 세월
촛불 밝히고 성모께 올리던 기도

차마,
귀띔 못 한 임의 마음
슬픔이 목을 막아
잘 가시라 말 못 했네

오시네
비가 오시네
그분 나라에서 빗물이 내려오시네

풀 한 포기 남지 않은 텅 빈 가슴
꽃비 단비 종일

하늘에서 내려오시네

*2021년 2월 14일 하베로나카 님 보내며

소래 곽씨郭氏 할머니전傳

다섯 남매 맏외손녀
에미 사랑 고플세라
애지중지 보듬으시던
소래 곽씨 외할머니

손녀 혼인날 받아들고
마디 굽은 두 손 모아
장독대에 정화수 올려놓고
천지신명께 빌고 비셨네

남의 눈에 꽃이 되고
남의 코에 꽃 내 돼라
앉은 자리 꽃밭 되고
걸음걸음 꽃길 돼라

서리 내린 시월 새벽
그리 급히 가시더니
꿈속에 찾아와서

걱정 마라 다 괜찮다

떠나신 지 마흔 해
강산이 바뀌어도
되살아난 비나리로
시린 어깨 다독이네

천국 수다방

추석 전 보름 녘
풀 죽은 이불 호청 몽땅 뜯어 담은
대야에 비누와 방망이

찰밥에 열무김치 넉넉히 챙겨 넣고
금호강 빨래 가는 날

허벅지 통치마 걷어 올린 삼십 초반 아낙들
방망이 소리와 웃음, 강변은 들썩였지

일곱 살 동이는 처음 보는 또래들과
발등까지 오는 강바닥 흰 모래 들춰
엄지손톱만 한 조개 찾아 꽃고무신에 가득 담고

돌밭에 펼쳐져 푸른 하늘 아래
퍼덕퍼덕 살아나는 흰 구름 호청

이젠 흑백 영화 속 한 장면

조개가 사라진 탁한 강물 세월 삼킨
그 물 따라간 고운 엄마 돌아올 수 없네

그렇게

저쪽 푸른 하늘 그 구름에게
눈짓했다
바다에서 만나자고

저문 가을 모래 벌
속살거렸다
바람 부는 그날 그때
갯벌에서 만나자고

하늘이 바다에게
바다가 하늘에게
타는 마음 붉게 젖으면
수평선에서 만나자고

그렇게
바라고 믿고 견디면
만날 수 있는 거라고

구룡공소

청도 운문면 구룡공소 성지

하늘 아래 첫 동네

네 바퀴 자동차도 헐떡이며 가는 길

그 무엇에 사로잡혀

험하고 험한 길 봇짐 하나 달랑 지고

쫓기는 자 되어 이곳까지 왔는가?

거룩한 땅 약속의 땅

바오로 교황님 부르짖음 들려오는

이 땅에 입 맞추고 싶다

배교자 없어 순교자 없는

이 거룩한 땅에

내가 차를 훔쳤어요

폭탄 여기저기 터지고
미사일 수시로 떨어지는
우크라이나 수도 키이우

엉망이 된 도로에 서 있는 빨간 차 한 대
열쇠가 꽂혀 있고 기름 가득 채워진 채
숨죽여 지켜보다 훔친 차로 탈출한 후
글로브 박스에서 찾은 차 주인의 전화번호

—제가 당신의 차를 훔쳤어요
  폭탄에 가족 몰살당할까 봐
  양심을 모두 버렸습니다

—오! 하느님! 감사합니다
  내가 가진 네 대의 차로
  우리 가족과 다른 세 가족
  무사히 탈출에 성공했습니다

암흑 같은 도시 곳곳에
차를 세워 둔
우크라이나 이름 없는 한 시민
생명 향한 간절한 기도였다
지옥에서 꽃 피운 천국이었다

출처 : 2022년 여름 우크라이나 내무부 장관의 고문인 안톤 게리쉬첸코 텔레그램 채널

이상기후

동쪽 바닷물
송두리째 치솟았다 내려오는지

태풍에 구멍 뚫린 하늘
쏟아지고 쏟아진다

이상기후라고, 예측 불가라고
사나흘 내리붓는 장맛비

산 무너지고 둑 터졌다
친정 온 젊은 아낙

두 살 아기 품에 안은 채
흙더미에 묻히고

태중 새끼 살리려는지
어미 소 지붕으로 올라갔다

내주고 또 내어주는 품 모르고
하나라도 더 챙기려는 인간 욕심

하늘도 눈감아 버린 걸까
땅도 울고 사람도 운다

우포

뭍이었다가 물이었다가
물이었다가 뭍이 되는 곳

태고의 그 아침
눈물 고인 자욱한 늪

내 할아버지 찾아간
서리 내린 우포

늪이 아니었다
짓물러 엉클어진 가슴이었다

왕버들 내버들 물억새 갈대
노랑부리저어새 큰기러기 논병아리 노닐고

저 혼자 눈부신 햇살
고생古生의 신비

물안개 퍼 나르는 우포
꾸르륵, 신시申時에 물닭 울고 있었다

오아후섬 그 여자

설중雪中 수선 닮은 한국 여자 선희

사슴 눈의 흑인 군인 만나

그만 그만, 사랑에 눈멀었다지

고국의 어머니 통곡 소리 밀쳐두고

그 여자 태평양 건넜네

하 많은 말 옹이로 틀어 안고 산 세월

딸아이 이름 그 아빠가 지었다네

'시간-슬픔 인생-바다-가운데 윌슨'

'Sigan-Sulpum In Sang-Bada-Gaundae Wilson'

아, 짧아서 긴 길어서 짧은 멋진 시어!

해설

놓쳐버린 것들의 무늬

김동원 시인·평론가

해설

놓쳐버린 것들의 무늬

김동원 시인·평론가

들어가는 말—정형, 혹은 서정

그녀의 시조는 정형의 아름다움과 곡절이 쓸쓸하다. 전통을 껴안은 서정의 자유로움은 자유시에서 만개한다. 현대 시조의 이념과 방법을 통섭해 자신만의 독특한 율조를 갖는다. "시조가 세계의 보편성을 담아내는 데 적합한 그릇이라면, 시는 자아의 특수성을 드러내기에 적격이다. 시조가 리듬과 수학적 아름다움에 치중해 있다면, 시는 이야기와 가을적 아름다움에 치중해 있다. 시조가 보다 완결된 형식과 일자를 지향한다면, 시는 미완의 인간과 다자를 본위로 한다."(김상환) 그녀는 법고와 창신을 갈마들며 시조와 자유시를 읊는다. 시간과 공간을 꿰뚫어 사유의 통변通辯을 시도한다. 형型의 구속이 아닌, 형의 자유를 추구한다. 정형과 그 틀을 벗어나 리듬 사이에서, 그녀만의 창조적 시법을 탄주한다. 그녀의 시는 겨울 설중매의 향기가 난다. 어머니에 대한 지극한 효성은, 시의 음영을 깊게 판다. 서걱이는 갈대의 노래가 들리는가 하면, 외가를 끼고 흐르는 밀양강의 굽이도는 달빛 은슬이 반짝인다. 유년의 체험은 드러내고 싶지 않은 외로운 정서가 숨었다.

시는 현실 공간과 시의 공간이 둘이 아니다. 체험의 깊이에서 감동과 울림을 끌어낸다. 그녀의 시조가 늦그릇 소리가 나는 까닭은, 그만큼 사무친 것이 많기 때문이다. 풀리지 않는 그 어떤 매듭이 묶여 있기 때문이다. 그녀의 시조는 사물에 꼭 맞는 정신의 무늬이다. 자구 하나 버릴 것이 없는 그녀만의 아름다움이 있다. 그녀의 시작詩作은 외가에서 내림한 유가儒家의 깨어 있는 정신이 있는가 하면, 천주의 은혜와 절절한 기도의 독백이 공존한다. 법고法古를 통해 창신創新에 이르는 그녀의 무늬는, 격물格物의 시어이자 치지致知의 언어다. 말과 사물의 관계를 동일성의 시학으로 승화시킨다. 그녀는 오랫동안 사물을 응시하며, 그 사물의 말을 심의心意로 듣는다. 시조든 자유시든, 그녀의 시법은 만만치 않다. 누구나 자신의 시는 밤새워 절차탁마切磋琢磨를 거듭한다. 행과 연 사이 끊임

없이 이어지는 보석 같은 시어를, 자르고, 쪼고, 갈아서 빛을 낸다. 그런 고뇌와 개성이 그녀의 시에서 양립한다. 어떤 시는 눈물이 고이게 하고, 어떤 시는 노을빛 휘파람 소리가 들린다. 시인의 몸은 타인과 공감하는 통로이자, 내면과 은밀하게 속삭이는 고백의 성소聖所이다. 그녀의 시는 누구에게도 말 못 한 슬픔이 있다. 전쟁 후유증으로 시달린 아버지에 대한 기억은 아프다. 어쩌면 그녀 시는 엉킨 심회를 풀어 주는 카타르시스인지도 모른다.

시조의 절제된 압축과 이미지는 묘처를 얻었다. 자유시의 상상력과 행간은 심미審美를 꿰뚫었다. 초장과 중장, 종장에서 비친 여백의 미학은, 그녀 시의 강점이다. 자구와 자구 사이의 여백은, 읽는 이로 하여금 긴장과 갈등을 풀어 준다. 그녀의 시가 공명하는 것은 울림이 그만큼 크다는 증거이다. 그녀 시는 연과 연 사이 지나친 단절과 해독 불가능이 없어 좋다. 누구나 읊조리면, 그 시를 갖고 싶은 마음이 생기는 그런 시다. 그녀의 서정시는 지나온 삶을 반추하고, 뜨거운 사랑과 이별의 풍경이 보인다. 애틋한 달빛의 시어가 있는가 하면, 그리운 사모곡은 애절하다. 놓쳐버린 것들에 대한 아쉬움이 들리는가 하면, 세상 사리에서 곁고튼 연민과 몸부림이 보인다. 자신만의 개성적 감각과 체험의 깊이에서 시어를 길어 올려야 명시이다. 그녀 시의 무늬는 바람의 말을 전하는가 하면, 꽃의 향기를 맡

게 한다. 여행에서 본 풍경의 말을 따스한 시의 언어로 환원한다. 익숙한 생활에서 새로운 비밀을 찾아내며, 가까운 거리에서 시의 소재와 주제를 발견한다. 시조와 자유시란 이질적 장르를, 성영희의 이번 시집 『엄마의 장독간』은 멋지게 구도화하였다. 짧은 시 긴 여운이란 말도 있듯, 그녀 시는 췌사를 덜어내는 작업이다. 이미지의 범람을 버리고 시의 정수를 취한다. 적확한 시어의 사용을 통해, 그녀는 제자리에 잘 앉힌 시로 형상화하였다. 시적 모호성을 멀리하고, 구체적인 경험에서 시를 발견하여, 편편마다 그녀만의 색실로 올을 짰다.

누워 피다

문학은 한국인의 숨결, 사상, 풍속과 삶의 희로애락을 투영한다. 시조는 민족의 애환과 정서를 격조 높게 형상화하였다. 현대에 이르러서도, 시조는 새로운 형식과 내용으로 시대를 반영한다. 시조는 고도화된 형식의 정형시이다. 자구字句는 적재적소에 앉을 때, 그 묘리를 얻는다. 그 어떤 율격의 어긋남도 용납할 수 없는 장場이 시조이다. 그러나 현대 시조에 이르러, 형식은 지키되 내용은 변주된다. 성영희의 연시조 「누워 피다」는 시적 착상과 반전의 매력이 그만이다. 그녀의 개성적 발화는 신선하다. 초장에서 시상을 불러일으키고, 중장에서 의미를 감아치고, 종장에서 마디를 묶어 다시 풀어내는 절묘를 얻었다.

> 동짓달 뼛골 시린 찬이슬 견뎌냈지
>
> 별빛 달빛 허공 위 꽃 피울까 하던 차
>
> 아뿔싸, 무자비 집행 칼 맞고 나뒹군다
>
>
> 참으로 이뻤었다 꿈 많던 그 옛날
>
> 투피스 분홍 사랑 하나는 남겨뒀지
>
> 빛 푸른 하늘 바라며 눈물 안고 피는, 벚
>
> —「누워 피다」 전문

위에서도 잠깐 언급했지만, 시조는 기본적으로는 4개의 흐름과 변곡점(流→曲→節→解)을 이룬다. 흘러내리고(流), 한 바퀴 감아 돌고(曲), 힘을 주는 마디(節)를 지어서, 다시 풀어내는(解) 게 그러하다. 「누워 피다」는, "동짓달 뼛골 시린 찬이슬 견뎌"낸 '벚꽃'의 은유가 아름답다. 처녀 적 꿈 많은 이야기를 중장에 잘 번지게 하였다. 그렇다. "참으로 이뻤"던 시절의 이 시는, 서정의 정서와 풍경이 멋지게 어우러진다. '꽃' 속에 감정 이입한 시법은 자연스럽다. 특히, "투피스 분홍 사랑 하나"를 통해, 못 이룬 처녀의 사랑앓이를 묘사한 장은 빼어나다. "별빛 달빛 허공 위 꽃 피울까" 망설이는 '꽃봉오리'의 긴장과 갈등은 팽팽하다. 자구와 자구 사이 한 행씩 띄어 쓴 점도 현대 시조 감상의 별미이다. "무자비 집행 칼"을 맞고 나뒹구는 낙화落花의 이미지 역시, 이 시의 압권이다. 평시조의 형식을 취해 전통을 흡수하면서, 묘사적 전개 방식을 입힌 「누워 피다」는, 그녀 시조의 정점을 찍는다. 또한 종장의 "빛 푸른 하늘 바라며 눈물 안고 피는, 벚"의 반전은 놀라운 탄성을 자아내게 한다.

시선일여詩禪一如

현대 시조는 "정격正格과 역진逆進의 미학"(유성호)이다. 원래 시詩는 선禪이요, 선은 시이다. 생과 사에 깊이 관여하는 게 시조가 아니던가. 성찰과 오래된 양식을 통해 사상과 가락의 묘를 성취한 것이 시조이다. 압축과 놀라운 비약의 시법은, 시조가 아니면 보기 힘든 지점이다. "갇힌 정형이 아니라, 갖춘 정형”(박기섭)으로써의 시조는, 무한대의 시적 상상력을 불러일으킨다. 모든 시는 말에서 시작해 말로 끝난다. 이번 성영희의 시조에서 탁월한 작품은, 「공벌레」로 보인다. 벌레의 삶과 인간의 삶을 동일시한 화법은, 한 소식한 경지처럼 느껴진다.

> 모난 말 귀를 씻고 구르고 구르지
>
> 자기를 낮추는 오체투지 모자라서
>
> 세상을 품으로 닦는다 묵언 수행 공벌레
>
> —「공벌레」 전문

시법에서 객관적 상관물相關物은 창작자가 표현하려는, 자신의 정서나 감정, 사상 등을 다른 사물이나 상황에 빗대어 표현하는 것을 말한다. 시 「공벌레」는, 시인의 감정을 ‘공벌레’를 통해서 멋지게 포착하였다. 이런 일상의 놀라운 재발견은 그녀의 시적 세계를 엿보는 기회이다. “모난 말 귀를 씻”기 위해 공벌레가 구른다는 발상은, 기존 관념을 깨부수는 창조적 시법이다. “구르고 구르지”라고 한 박자 눌러 준 표현 또한, 시조의 반복적 가락이 얼마나 세련되고 감칠맛을 낼 수 있는지를 여실히 보여준다. 시조의 형식미와 운율적 효과는, 성영희의 시조에서 도드라진다. 인생을 살면서 가장 어려운

일은, “자기를 낮추는” 행위이다. 겸손을 아는 자가 훌륭한 사람이다. ‘공벌레’는 일찌감치 천지 법문을 깨달은 모양이다. 하여, “오체투지”도 “모자라서” 구르고 펴면서, 온몸으로 “세상을 품으로 닦는다.” 길을 가다 ‘공벌레’가 몸을 말고 있으면, 아하, “묵언 수행”하고 계시는가 보다라고 생각하며, 조용히 비껴갈 일이다.

밀양강 영남루嶺南樓

밀양강 영남루에 오르면 천지 사방이 탁 트여 시상이 절로 떠오른다. 이 아름다운 국보 누각은 진주의 촉석루, 평양의 부벽루와 함께 우리나라의 3대 누각으로 손꼽힌다. 현재의 건물은 1884년에 밀양 부사 이인재가 다시 세운 것이다. 누각에 오르기 전 고개를 들면, 조선 후기의 문신이자 서예가인, 송하松下 조윤형(曺允亨, 1725~1799)이 휘필한 영남루 행서行書 편액과 그 좌우엔 고종 때 좌의정을 지낸 귤산橘山 이유원(李裕元, 1814~1888)의 멋들어진 예서체隸書體 교남명루(嶠南名樓, 문경새재 이남의 유명한 누각), 강좌웅부(江左雄府, 낙동강 왼쪽 아름다운 고을)가 반긴다. 절벽 위에 우뚝 선 누각 아래로 밀양강은 굽이돌고, 눈 아래엔 시가지가 그림처럼 펼쳐진다. 처녀 시절 성영희는 자당

慈堂과 함께 영남루에 자주 오르곤 하였다. 모녀는 두 손을 꼭 잡고, 아랑각과 침류각도 구경하였으리라. 그리고 밀양 아리랑 한 소절도 산책을 하며 흥얼거렸을지도 모른다. 그녀의 외가 '옥산리'는, 철마산(633m)을 주산으로 계곡물이 흘러 밀양강에 합수되는 풍수의 명당지이다. 유독 이번 시집에서 사모곡이 많은 까닭은, 어미에 대한 그녀의 곡진한 사랑과 연민 때문일 것이다.

외갓집은 낙동강 샛강 밀양강 둑 아래 있었다

노을 붉은 그 강은 마을보다 더 높은 천정천

기해년이라던가 하필 추석 앞두고 불어닥친

태풍 사라호로 온 동네 논밭 물에 잠기고

기르던 황소마저 떠내려갔다

나의 초등 시절까지만 해도 강물은 맑아서

투명한 은빛 은어 물 위로 반짝 튀어 오르고

잘 자란 다슬기 맛 좋기로 유명했다

어머니는 간암 투병 중 이따금 곡기를 끊으셨다

그 힘들어하던 숨길의 언덕 희한하게도

소녀 시절 먹었다던 부추 넣은 다슬기탕은 달게 드셨다

오늘 밀양 천변에 앉아 당신 얼굴을 그린다

—「옥산리」 전문

사모곡은 시공을 초월해 읽는 이로 하여금 상념에 젖게 한다. 「옥산리」를 읊조리고 있으면, 얼마나 그녀가 돌아가신 '어머니'를 사모하는지를 알겠다. 성영희의 외조부는 대대로 유학儒學의 가르침을 실천한 선비였다. 법고法古를 배우되 전통만을 고집하지 않은 깨어있는 식자였다. "옛것을 본받더라도 변화시킬 수 있고(法古而知變), 새것을 만들더라도 법도에서 어긋나지 않는(創新而能典)"(연암 박지원), 시대를 내다본 분이셨다. 하여 "금지옥엽 맏딸"과 "슬하"의 "자식"들은 모두 신교육을 시켰다. "노을 붉은 그 강" 곁에 외가는 우뚝 솟아 있었다. 어린 소녀 성영희의 기억엔, 외가 앞 냇가엔 "투명한 은빛 은어 물 위로 반짝 튀어 오르고 / 잘 자란 다슬기 맛"이 좋았나 보다. 사랑채에서 논어를 음송하던 외할아버지가 계신 '옥산리'만 떠올리면, "간암 투병"으로 영면하신 "어머니"가 눈물 속에 아른거린다. 자당은 "이따금 곡기를 끊으셨"지만, "소녀 시절 먹었다던 부추 넣은 다슬기탕은 달게 드셨다." 당신의 마지막 가시는 길에 고향이 그리우셨나 보다. 하여, 시인은 어릴 때 엄마 손을 꼭 잡고 거닐었던 "밀양 천변"이 슬픈 그림처럼 떠오르는 것이다.

장독대

옛 여인들은 앞마당 한 켠 바닥에 호박돌과 자갈을 깔고 그 위에 판석을 놓아 장독대를 신주처럼 모셨다. 경상도에서는 장독간, 전라도에서는 장광, 제주도에서는 장항굽이라고 부른다. 전라도의 장광은 주위에 담을 두르고 문까지 따로 달아서 특별한 관심을 기울인다. 봄날 대청에 앉아 비 맞는 장독대를 보고 있으면, 여인의 허리선처럼 곱다. 장독이나 장항아리들이 두 줄 혹은 석 줄로 줄지어 선 풍경은, 보기만 해도 흐뭇하다. 맨 뒤에는 된장이나 간장이 담긴 큰 항아리, 앞쪽에는 고추장과 담북장 같은 작은 항아리나 단지를 놓아서 햇볕을 고루 받게 하였다. 장독에 옹기장이가 손가락으로 풍요와 장수를 상징하는 대[竹]를 치거나, 거북 귀龜 또는 용 용龍자를 그리거나, 자신만의 무늬를 새긴 것도 볼거리이다. 독이나 항아리를 고를 때는, 뉘어 놓고 짚불을 넣어서 새는 데가 없는

지 살펴야 하며, 손가락으로 두드려서 흙이 잘 익었는지도 알아본다. 이때 맑은 소리가 나는 것이 가장 좋다.

"한 고을의 정사正史는 술맛으로 알고 한 집안의 복락은 장맛으로 안다."라는 속담이 있다. 우리네 아낙들은 장맛을 살리기 위하여 온갖 정성을 쏟았다. 왼새끼줄에 고추와 숯을 꽂아서 장독에 두르는 것은 물론, 솔가지를 꺾어다가 조상님께 바치고 절을 올리면서 '제발 장맛이 나도록 도와주소서' 하고 빌기도 하였다. 또한 장독대는 아낙들의 성역이었다. 정화수 한 그릇을 떠 놓고 소원을 빌고 가족의 무사태평을 축원하였다. 새벽마다 장독의 뚜껑을 열어서 맑은 공기를 쐬게 하고, 햇볕도 들게 하는 것 외에 수건으로 깨끗이 닦았다. 독이나 항아리는 물론 작은 단지까지도 언제나 반들거렸다. 장독대는 우리 겨레의 맛을 대대로 이어 온 생활 전통이다. 한 집안의 상징이자, 한 가정의 아낙이 대를 이어 평생을 바쳐서 지켜 온 장독대가, 아파트 문화로 자취를 감추게 된 것은 참으로 아쉬운 일이다. 성영희의 「엄마의 장독간」은 그래서 더욱 반갑다.

그 겨울 흰 눈을 쓰고 장독은 윤이 났다

흔치 않은 큰 장독은 엄마의 보물이었다

그 시절 넘기 힘들다던 보릿고개, 추운 겨울

친인척들로 아래채는 늘 북적했다 엄마는

우리 집 대문 들어선 사람은 모두

귀한 손님이라고 그냥 보내시는 법 없었다

가마솥에 지은 쌀밥과 쇠고깃국은 언제나

푸짐했다 부자 아니었지만 곳간은

늘 넉넉하였다 아파트로 이사한 노년에는

막내 이모 집 옥상에 장독을 올려놓고

신주처럼 모셨다 해마다 당신 몸은 쇠락해졌지만

엄마의 장맛은 달게 잘 익어갔다

—「엄마의 장독간」 전문

밤새 내린 겨울 흰 눈을 덮어쓰고 있는 장독대는, 무척 시적이다. 아침에 일어나면, 동네 조무래기들은 눈 위에 글자를 쓰기도 하고, 뭉쳐서 눈싸움도 하였다. 그 시절 '엄마의 장독간'은 당신에게 가장 소중한 "보물"이었다. 60년대 전후에는 밥 굶는 사람이 다반사였다. 너무 배가 고파 헛것이 보이던,

째어지게 가난한 시절이었다. 수많은 거지와 넝마주이들이 유랑하며, 이 집 저 집 밥을 구걸하러 다녔다. 너 나 할 것 없이 갱죽과 초근목피로 연명하였다. 그런 엄혹한 "보릿고개" 시절에도, "곳간"이 늘 넉넉한 그녀의 집은 "친인척들로" "북적"댔다. 참으로 시인의 어머니는 후덕하신 분이다. "대문"에 "들어선 사람은 모두 / 귀한 손님이라고 그냥 보내시는 법"이 없다. 겨울과 봄 사이 춘궁기春窮期 때는, 가난한 사람들은 인심이 넉넉한 친척 집에 들르곤 했다. 물론, 양식과 감자 고구마 같은 구황작물을 얻어 와서 제 새끼를 먹였다. 소나무 껍질이나 고운 흙을 물에 개어 가라앉은 부분을 쑥과 버무려 쪄 먹기도 했다. '똥구멍이 찢어지게 가난하다'란 말도 그 무렵 생겼다. 병이 들어 말년의 노부인은, 시골집을 멀리 두고 "아파트로 이사"하였나 보다. 당신이 "신주처럼 모"신 장독을, 동생 집 "옥상에" 올려 두고 살핀다. 아마, 천국에서도 성영희의 자당은, 당신이 담근 다디단 "장맛"을 보고 계실 것이다.

부활과 성령

성영희의 이번 시집에서 가장 독특한 시편은 기도와 성령을 주제로 한 시이다. 그중 예수의 죽음과 부활을 다룬 「골리수骨利水」는 감동적이다. 나는 이 시를 읽는 순간, 미켈란젤로의 「피에타」(1498~1499, 대리석, 174cm×195cm, 바티칸 성 베드로 대성당)가 떠올랐다. 성모 마리아가 십자가에서 내려진 예수를 무릎에 안고 있는 삼각형 구도의 이 조각은 명작이다. 아들을 잃은 슬픔을 속울음으로 감춘 동정녀 마리아의 침묵은, 묵상 그 자체였다. 하느님의 시선으로 내려다본 이 위대한 작품은, 미켈란젤로의 천재성을 유감없이 발휘한다. 특히, 「피에타」가 유명한 까닭은 미켈란젤로가 남긴 수많은 조각들 중에서 그의 서명이 남아 있는 유일한 작품이기 때문이다. 성모 마리아의 어깨띠에 '피렌체의 미켈란젤로 부오나로티가 만들었다(MICHAEL·ANGELVS·BONAROTVS·FLORENT·FACIEBAT)'라고 새겨져 있다. 예수가 십자가형을 당한 장소가 골고다 언덕이다. 총독 빌라도는 두 차례 심문을 마친 후 민중들의 요구에 의해 예수의 십자가 처형을 확정했다. 군인들은 두 명의 강도들과 함께 예수를 양손에 못을 박고 십자가를 세워 양발에 못을 박았다. 골고다 언덕의 십자가는 피로 물들었다.(마 27:33, 34 사 53:12) 예수께서 십자가에 박혀 하신 마지막 말씀은 "다 이루었다"(요 19:30)였다. 그 말씀은 "내가 그리스도와 함께 십자가에 못 박혔나니 그런즉 이제는 내가 사는 것이 아니요 오직 내 안에 그리스도께서 사시는 것이라 이제 내가 육체 가운데 사는 것은 나를 사랑하사 나를 위하여 자기 자신을 버리신 하느님의 아들을 믿는 믿음 안에서 사는 것이라(갈 2:20)"는 뜻이다. 성영희(세례명, 비비안나)의 「골리수骨利水」는 예수 그리스도에게 바치는 헌정 시이다.

그날은 차디찬 흰 눈이 내렸네

피로 물들이며 골고다 언덕을 오르셨네

십자가를 짊어지신 예수 그리스도여!

양손에 못을 박고 양발에 못을 박아

살이 터지고 뼈가 부스러져

인간의 원죄를 대속하셨네

이월 그 흰 눈에 핏물 스며들었네

전라의 몸 움츠릴 사이 없이

무방비로 무방비로 고통을 당하셨네

그 절박한 상황에서도 '다 이루었다' 하신 큰 말씀

마지막 그 한 방울 피마저 내어 주었으니,

알렐루야! 그분 부활의 시간만 남았네!

—「골리수骨利水」 전문

그녀는 지극한 묵상으로 성령聖靈의 부름을 기다린다. 그녀에게 주신 달란트를 다 쓰기를 소망한다. 예수께서 "부활"하신 "피로 물"든 그날처럼, 그녀는 오직 예수님에 대한 믿음으로 시를 쓴다. 은혜와 영광으로 속죄하며, 기도하고 또 기도 드린다. "양손에 못을 박"힌 그분을 찬양하며, 비비안나는 "알렐루야!"를 외친다. "살이 터지고 뼈가 부스러"지는 아픔도 잊은 채, "인간의 원죄를 대속"하신 예수 그리스도의 성령에 들어간다. 시의 충만한 영감靈感을 느끼며, 그녀는 주님의 말씀을 듣는다. '부름'과 '응답' 사이에서, 「골리수骨利水」에서 죽음으로 부활하신 예수 그리스도를 영접한다. "그 절박한 상황에서도 '다 이루었다'하신 큰 말씀"을 떠올린다. 태초의 하느님 음성을 예수께서 들으셨듯, 그녀는 시편에 새긴다. 주 예수 그리스도가 '아버지'께 "한 방울 피마저" 다 "내어 주었"듯, 비비안나 역시 예언의 시를 부활의 그날을 위해 노래 부르고 있다.

나가는 말

지금까지 살펴본 대로, 이번 성영희 시집 『엄마의 장독간』은, 외가와 어머니, 잃어버린 추억과 아픈 기억, 성령과 여행 등, 놀라운 시적 은유의 아름다움으로 가득 차 있다. 시조를 통한 한국의 전통 가락과 현대시의 새로운 접목은 큰 성취를 이뤘다. 우리 민족의 영혼을 담아낸 3장 6구 44자 4음보를 기본 축으로 하여, 현대 시조로 변형한 점은 신선하다. 또한 그녀의 자유시는, 3음보의 율격을 간직하면서, 반복과 변조의 리듬으로 행과 연을 배치한다. 그녀가 얼마나 시의 가락에 세심한 정성을 쏟았는지 엿볼 수 있다. 이런 반복적 행갈이는 시적 화자의 고독감을 한층 더 깊게 파는 동시에, 사물과의 감정이입을 내밀화하는 좋은 실례이다. 「겨울 가파도」는 푸른 바다 한가운데 "청보리"의 풍경을 수평선에 담은 작품이다. 감각적 이미지의 교직은 행간 사이에 색채를 붓고 있다. 그녀의 서정시는 고백과 성찰에서 출발한다. 감동과 울림, 여운과 신선한 언어 구사는 그녀 시의 미덕이다. 좋은 서정시가 다 그렇듯, 그녀의 시는 기억과 추억의 방식으로 완성된다. 여인으로 환유한 「꽃무릇」의 의인화는 여운이 오래간다. "기다림에 눈"먼 "아득"한 사랑과 이별을, 파문이듯 그리고 있다. 감정을 밀어 넣는 이런 행간의 변주는, 화자의 진정성으로부터 출발한다.

시인의 내면이 공허하면 시의 의식은 표면에 머문다. 서정시에서 1인칭의 고백이 중요한 까닭은, 개인적 체험이 시 속에 녹아 있기 때문이다. 생생한 경험이야말로 그녀 시가 가리키는 표지다. 그녀의 시 세계는 줄곧 동일성의 시학을 추구하는 쪽으로 진화하였다. 그녀만의 언어로 깎고 다듬어 새로운 의미로 재탄생된다. 시 「노부부」는 멋진 순간을 포획하였다. "한평생 흰 서리 머리에 이고 들고 / 잡은 손 놓칠세라 조심조심 걷는다 / 저무는 은빛 저녁놀 서쪽 하늘 살고 지고." 아름다운 성찰의 시안詩眼이다. 이렇듯 그녀는 풍경을 정精의 세계로 형상화하는 데 탁월한 솜씨를 보인다. 「사부곡思父曲」은 전쟁의 악몽과 환영에 시달리다 가신, 아버지에 대한 회한의 시다. 곡진한 눈물과 애틋한 감정은 읽는 이로 하여금 뭉클하게 한다. 절박한 비명과 고뇌야말로 시가 태어나는 장소가 아니던가. 이 밖에도 수많은 수작이 즐비하다. 마지막으로 놀라운 시적 착상을 보인 「매화」를 감상하면서 마칠까 한다.

> 흰 눈의 기분을
> 다 안다는 듯
>
> 말릴 겨를도 없이
> 뛰쳐나온

열여섯 예쁜
처녀 한 송이

아직도 엄동설한
바람은 찬데

하얗게 질렸다
향도 얼어붙은 채

내, 그러게
조금만 더 기다리랬지

—「매화」 전문

시詩는 태어나는 그 순간 자신의 때[時]와 운명을 갖게 된다. 스스로 생명을 부여받고 고유한 목소리로 세상에 나간다. 시의 언어는 유기체이다. 시제는 바로 그 역할을 톡톡히 수행한다. 흔히 제목은 텍스트의 현관玄關이자 내용을 규정한다. 성영희의 「매화」는 명사로 된 제목이다. 사람을 부를 때 자신의 이름을 불러주면 기분이 좋듯, 시도 명사로 지으면 친근하게 느껴진다. 시의 제목은 그 사람의 첫인상과도 같다. 독자들은 시의 내용을 채 파악하기도 전에, 시 제목이 좋으면 단번에 읽는다. '매화'는 꽃의 상징이자, 여자의 은유이다. 인생살이가 다 그렇듯, 시時와 때를 잘 만나야 성공한다. 섣부른 판단은 오랫동안 후회 속에서 살게 한다. 매화 역시 "흰 눈의 기분을 / 다" 아는 것처럼 행동하지만, 추운 겨울 바깥은 호락호락하지 않다. 젊은 때는 누구나 실수한다. "말릴 겨를도 없이" 세상을 향해 거침없이 "뛰쳐나"간다. "열여섯 예쁜" 매화도, 똑같은 실수를 "엄동설한"에 저질렀나 보다. 냉혹한 것이 세상이듯, 한 번 꼬인 인생은 혹독한 "바람"에 시달려야 한다. "하얗게 질"린 채, 눈물에 젖은 빵을 먹어야 철이 든다. 이 시의 백미는 "내, 그러게 / 조금만 더 기다리랬지"란 마지막 행이다. 깨달은 자의 울림이 있다. 빨리 간다고 인생을 다 아는 것도 아니요, 천천히 둘러 간다고 잘못 사는 것도 아니다. 지나고 보면, 남이나 나나 얼추, 걸은 거리와 생의 무게가 비슷하다. 시제 '매화'가 부여하는 생각과 느낌은 매력적이다. 더 읽지 않아도 시의 뒤태까지 붉게 물들게 한다. 안도현 역시 작시법의 경험을 통해 제목의 중요성을 역설하고 있다. "제목은 시 쓰기의 처음이자 마지막이다. 제목을 처음부터 붙이든 나중에 붙이든 그건 별로 중요하지 않다. 제목을 어떻게 붙일까 고심하는 그 과정이 창작자에게는 중요할 뿐이다. 제목이 시의 성패와 운명을 좌우할 수도 있으므로 그렇다. 제목을 고치거나 바꾸는 사이에 시는 진화하거나 퇴보하거나 둘 중 하나의 길을 간다." 성영희는 이번 시집 『엄마의 장독간』에서 세계를 하나의 음악처럼 그렸다. 시조의 음보와 자유시의 의미 세계를 하나의 작품으로 본다. 해와 달도 잘 보면 허공을 리듬으로 움직인다. 규칙적인 리듬으로 시조가 걷는다면, 자유시는 불규칙으로 행진한다. 시인들은 달빛 속에 거니는 것을 마치 달 위를 걷는 것처럼 '보월步月'이라는 신비롭고 낭만적인 어휘로 표현하기도 한다. 이런 시의 특별하고도 환상적인 걸음걸이가 곧 시의 리듬이다. 그녀 시 속의 리듬은, 시어의 맛과 행lines과 연la stanza의 의미를 조화롭게 살려내기 위함에 있다. 하여, 성영희 시집은 정형과 내재율을 바탕으로, 그녀만의 독창적 음보音步를 찾아낸 그리움의 시로 규정된다.

성영희 시집

엄마의 장독간

초판 1쇄 발행 2025년 3월 15일

지은이 성영희
펴낸이 이은재
펴낸곳 도서출판 그루

출판등록 1983. 3. 26(제1-61호)
42452 대구광역시 남구 큰골 3길 30
TEL 053-253-7872 / FAX 053-257-7884
E-mail / guroo@guroo.co.kr

값10,000원
ISBN 978-89-8069-523-2